UNE RÉDUCTION

DANS LES LOYERS

ou

LA FAILLITE

PAR UN COMMERÇANT

Aux grands maux, les grands remèdes.

PRIX : 25 CENTIMES

PARIS

A. LAPORTE, ÉDITEUR

LIBRAIRIE ANCIENNE ET MODERNE

46, boulevard Victor Hugo, 46

(Derrière le nouvel Opéra)

1871

AUX COMMERÇANTS PARISIENS

Je vous dédie cet opuscule, à vous les victimes les plus éprouvées de ces deux guerres cruelles... Puisse-t-il vous prouver que votre sécurité actuelle, que votre prospérité, sont dans l'union de tous, dans la défense loyale et énergique de vos droits et dans le choix de défenseurs honnêtes sortis de votre classe... Un commerçant seul peut défendre un commerçant. La stabilité d'un gouvernement, la sagesse d'une constitution, ne seront vraiment trouvées que le jour où la nation aura la prudence de choisir dans son sein non des illustrations, mais des hommes pratiques, des hommes qui connaîtront et représenteront par là même les intérêts de tous.

A. L***.

19 juin 1871.

LOI SUR LES LOYERS

VOTÉE A VERSAILLES PAR L'ASSEMBLÉE NATIONALE,
LE 21 AVRIL 1871.

L'Assemblée nationale a adopté; le président du conseil, chef du pouvoir exécutif de la République française, promulgue la loi dont la teneur suit :

ARTICLE PREMIER. — Dans les huit jours qui suivront la promulgation de la présente loi, il sera institué dans chacun des quartiers municipaux de Paris et dans les cantons du département de la Seine un ou plusieurs jurys spéciaux, sous la présidence du juge de paix ou de l'un de ses suppléants, ou d'une autre personne désignée par le président du tribunal civil.

Si, pour l'expédition des affaires, la subdivision du quartier ou du canton paraît nécessaire, il sera pourvu par un décret du chef du pouvoir exécutif, qui déterminera les limites de chacune des sections.

Les jurys spéciaux seront composés, outre le président, de quatre membres, savoir : ·

1° De deux propriétaires d'immeubles,

2° De deux locataires.

ART. 2. — Immédiatement après la promulgation de la loi, il sera dressé, sur la présentation des juges de paix des vingt arrondissements de Paris et des cantons du département de la Seine, par les soins du président du tribunal civil et du président du tribunal de commerce, conjointement, pour chaque arrondissement municipal et pour chaque canton, deux listes contenant, l'une les noms de cent propriétaires, l'autre les noms de cent locataires.

Sur ces listes, le juge de paix, en audience publique, tirera au sort les noms des propriétaires et locataires appelés à former avec lui, ses suppléants ou les personnes désignées par le président du tribunal civil, les jurys spéciaux.

Lesdits membres seront désignés pour une session de trois jours au plus; néanmoins, toute affaire commencée devra être jugée par le jury devant lequel elle aura été portée.

En cas de refus non justifié, le juré non comparant sera condamné par le président du jury à une amende de 500 francs.

Tout juré qui aura fait le service pour une session sera dispensé, sur sa demande, pour la session suivante.

Art. 3. — Les séances seront publiques. Les parties auront la faculté de comparaître en personne ou par mandataires ; elles ne pourront, en tous cas, présenter que de simples observations ou conclusions, sans procédure ni plaidoirie.

Art. 4. — Chacun des jurys spéciaux, dans la circonscription pour laquelle il aura été institué, aura seul compétence, à l'exclusion de toute autre juridiction, à l'effet de statuer, conformément aux articles suivants, sommairement, comme amiable compositeur, d'une manière définitive et sans appel, sur toutes les contestations entre les propriétaires et les locataires relatives aux loyers restant dus pour les termes échus du 1er octobre 1870 au 1er avril 1871.

Les parties ne pourront se pourvoir en cassation que pour incompétence ou excès de pouvoirs.

Le délai sera de quinze jours, à partir de la notification de la décision, pour ce recours, qui sera formé, notifié, jugé, conformément aux prescriptions de l'article 20 de la loi du 3 mai 1841 sur l'expropriation, et dispensé d'amende.

Lorsqu'une décision aura été cassée, l'affaire sera renvoyée devant un nouveau jury des mêmes quartiers, canton ou subdivision. Ce jury sera composé d'autres membres.

L'opposition contre les décisions des jurys spéciaux, rendues par défaut, sera formée et admise conformément aux articles 20, 21 et 22 du Code de procédure civile.

Art. 5. — Les jurys spéciaux auront la faculté d'accorder, sur le prix des trois termes de loyer ci-dessus, quelle que soit la nature des locations, des réductions proportionnelles au temps pendant lequel les locataires auront été privés matériellement de la jouissance de tout ou partie des lieux loués. Si les locations ont un caractère industriel ou commercial, ils pourront accorder des réductions proportionnelles au temps pendant lequel les locataires auront subi, par suite des événements du siége, une privation ou une diminution dans la jouissance industrielle ou commerciale prévue par les parties.

Lorsqu'il n'y aura eu ni diminution ni altération de jouissance, ils ne pourront accorder que des délais.

Les délais accordés par les jurys spéciaux n'excéderont pas deux ans, à moins que la location, faite par écrit, ne doive prendre fin qu'après un laps de plus de deux années. Dans ce dernier cas, les délais pourront être étendus à une durée égale à celle de la location.

Mais les sommes restant dues au delà du terme de deux années seront de droit productives d'intérêts au taux de cinq pour cent l'an.

Les payements différés pourront être divisés en fractions, exigibles en diverses échéances consécutives et réglées en billets à ordre correspondants à ces échéances.

Ces billets n'opéreront pas une novation, et le propriétaire conservera son privilége sur les meubles garnissant les lieux loués.

ART. 6. — Les jurys spéciaux pourront limiter l'exercice du privilége ou les droits et actions du propriétaire sur une partie déterminée et suffisante du mobilier garnissant les lieux loués et servant de gage spécial à sa créance.

Si le locataire quitte les lieux loués avant le complet payement des termes encore dus, sans fournir une caution jugée suffisante par le juge de paix, le propriétaire pourra réaliser le gage affecté à sa créance.

ART. 7. — A défaut de se libérer de l'une des fractions exigibles à l'échéance réglée par les jurys spéciaux, et après quinze jours de retard, le locataire perdra le bénéfice des termes qui lui auront été accordés.

Le bail sera résilié de plein droit au profit du propriétaire, qui pourra, s'il le veut, se prévaloir de cette résiliation, réaliser le gage conformément au droit commun, et rentrer en possession des lieux loués, en vertu d'une simple ordonnance de référé, que le bail soit authentique, privé ou purement verbal.

ART. 8. — Dans le cas où le département de la Seine, qui y est d'avance autorisé, consentirait à payer à tous les propriétaires de logements dont le prix annuel est de 600 francs ou moins, le tiers de ce qui leur restera dû par le locataire sur les termes échus en octobre 1870, janvier et avril 1871, sous la double condition que les propriétaires donneront quittance définitive du surplus et maintiendront leur locataire en possession pour les termes d'avril à juillet prochain, l'État participera pour un tiers à ces payements, sans que cette participation puisse dépasser 10 millions de francs.

Les locataires qui auront profité du paragraphe précédent devront acquitter exactement le montant du terme de juillet 1871 à son échéance, sous peine d'expulsion sans congé préalable et sur simple ordre du juge de paix.

Les propriétaires ou les locataires qui feraient de fausses déclarations dans le but d'obtenir ou de faire obtenir une indemnité supérieure à celle à laquelle les propriétaires auront droit seront poursuivis devant les tribunaux correctionnels et passibles des peines portées à l'article 405 du Code pénal.

L'article 463 du Code pénal sera applicable.

Les propriétaires qui n'accepteraient pas ce règlement devront porter leurs réclamations devant les jurys spéciaux, conformément aux articles précédents.

ART. 9. — Les contestations relatives à la résiliation des baux par l'effet de la force majeure seront portées devant les tribunaux ordinaires.

Néanmoins, les parties intéressées qui auront saisi les jurys spéciaux de la question d'indemnité pourront, si elles sont d'accord, donner à ces jurys, par voie d'extension de leur compétence, le droit de statuer sur la résiliation du contrat de louage.

ART. 10. — Les locataires qui n'auront pas réclamé le bénéfice de la présente loi avant le 1ᵉʳ juillet 1871, par une déclaration au greffe de la justice de paix de leur arrondissement ou de leur canton, seront tenus au payement total de leurs loyers.

Les propriétaires qui dans le même délai n'auraient pas saisi le jury spécial de leur demande, conformément au dernier paragraphe de l'article 8, seront réputés avoir accepté le règlement déterminé par les deux premiers paragraphes du même article.

ART. 11. — Les actes de procédure et les sentences auxquels donnera lieu l'exécution de la présente loi seront visés pour timbre et enregistrés gratis.

Délibéré en séance publique, à Versailles, le 21 avril 1871.

Le Président,
Signé : Jules GRÉVY.

Les Secrétaires,
Signé : Paul BETHEMONT, Paul DE RÉMUSAT, vicomte DE MEAUX,
N. JOHNSTON, CASTELLANE.

*Le Président du Conseil des Ministres, chef du pouvoir
exécutif de la République française,*
A. THIERS.

Je ne discute pas cette loi ; les commentaires les plus impartiaux ne pourraient qu'en faire ressortir davantage l'insuffisance, l'imprévoyance et les dangers... Dans une question aussi importante, aussi radicale, qui met en jeu l'existence même du commerce, une Chambre vraiment sage n'avait qu'un parti raisonnable à prendre : s'abstenir de voter une loi sur les loyers... Ce n'est pas à elle, composée en partie d'éléments hostiles ou étrangers aux affaires commerciales, à discuter, et surtout à trancher par une loi, les nombreuses difficultés qui pèsent sur le commerce... Une première loi sur les échéances lui a appris, par les immenses désastres qu'elle traînait à sa suite, combien il est imprudent et dangereux de toucher à ces questions ; et malgré cette école douloureuse elle maintient, après une guerre épouvantable de meurtres, de ruines, d'incendies, cette loi, plus ruineuse que la première... Comment, deux guerres monstrueuses dans les excès les plus navrants : la guerre prussienne et la guerre civile, ont pendant dix mois ensanglanté notre belle et glorieuse France, détruit ses campagnes, ravagé ses villes, incendié ses monuments, suspendu toutes les affaires, ruiné notre crédit, profondément taché notre honneur national, et, après ces longs jours de ravage, de ruine, de tristesse, de souffrance, l'Assemblée nationale impose au commerce le payement des charges des jours heureux, de l'époque la plus prospère de notre commerce !.. Prenez garde, hommes de loi, élus pour sauvegarder les intérêts de tous, que vous ne conduisiez l'état et vous-mêmes à la ruine, en voulant accabler le commerce de charges trop lourdes pour vous épargner quelques sacrifices équitables et nécessaires... La vraie puissance d'une nation, sa force, sa richesse, sa considération, sont la conséquence nécessaire de la prospérité du commerce... Dans nos incalculables naufrages, sauvez au moins cette vérité. Oui, ménagez le commerce, qui hier fut, dans la lutte, votre aide le plus énergique, le plus généreux, le plus désintéressé, et qui demain vous donnera encore la main pour restaurer notre patrie si maltraitée. Sagement et équitablement soutenu par des transactions loyales et justes, le commerce peut et doit prospérer rapidement ; maladroitement appuyé ou insuffisamment protégé, il doit nécessairement glisser vers cet abîme inévitable : la faillite générale.

Nous croyons, en présence des ruines actuelles et des pertes nouvelles à redouter longtemps encore, qu'une réunion de propriétaires et de commerçants librement élue dans chaque arrondissement par les intéressés est seule apte à prononcer équitablement et en dernier ressort sur les difficultés soulevées entre propriétaires et commerçants... De cette disposition dépend le salut du commerce, la fortune même de la propriété, et sûrement l'honneur national.

Que le propriétaire, moins avide et plus juste, consente à de légers sacrifices, et le commerçant, qui aux dépens de sa fortune et de sa vie a protégé, a sauvé la propriété, reprendra activement ses affaires et fera honneur à tous ses payements. Sans cette concession point de salut, mais la faillite non-seulement individuelle, mais probablement générale...

Les loyers, depuis vingt ans, ont augmenté des deux tiers; en faisant une concession, le propriétaire ne fera qu'un acte de justice.

Il serait curieux et facile de faire une histoire intéressante de l'augmentation rapide et exorbitante des loyers dans cette période de vingt ans... On avait besoin de croire et par là même on croyait à la stabilité de ce gouvernement usurpateur qu'on appelait *Empire*. Malgré des fautes nombreuses qui le précipitaient à ce dénouement honteux de Sedan, sur ses apparences de force et d'énergie, on le jugeait fort et puissant. De là, chez le commerçant, cette confiance plus factice que réelle qui le poussait à des affaires hasardées, à des entreprises téméraires, en un mot à un commerce plus brillant que sûr (car il était écrasé de frais généraux énormes), et, chez le propriétaire, cet amour immodéré, ce calcul fiévreux de l'augmentation affolée des loyers... Le propriétaire, tenace et patient, escomptait habilement toutes les chances de l'augmentation ; rien ne lui échappait dans cette affaire importante : le caractère du locataire, ses besoins, ses désirs, son ambition, une encoignure de rues, une exposition différente au soleil, à l'ombre ; il vous faisait payer la verdure du feuillage du boulevard, la proximité de tel établissement, le bien disposé d'une croisée, et si vous aviez un espace large, aéré, fréquenté, quelle description alors ! quelle poésie ! et surtout quel loyer !... Que de ruses déployées dans la chasse au locataire !.. Du jour où l'Empire se jeta dans ces vastes entreprises de démolition et de reconstruction qui attirèrent sur les boulevards et les rues les foules curieuses, les propriétaires se hâtèrent de spéculer sur le Paris nouveau ; ils augmentèrent les loyers dans des proportions dont le tableau suivant donnera une idée exacte et fidèle. Nous avons minutieusement parcouru tous les quartiers, et dans tous, même les plus déshérités de soleil, d'air, de luxe, etc., nous avons trouvé la même échelle de hausse...

Tableau comparatif des locations depuis 1850.

1850.	1860.	1870.
100	175	250
200	350	450
300	475	550
400	600	750
500	800	1,000
600	900	1,200
1,000	2,500	4,000
1,500	3,500	5,500
2,000	5,000	7,000
3,000	6,000	9,000
4,000	8,000	12,000

Un plus grand nombre de chiffres serait inutile pour prouver la vérité de cette assertion : les loyers, depuis 1850, ont augmenté dans la proportion des deux tiers. Or, à cette époque, malgré la révolution de 1848, les plaies de la France n'étaient pas aussi nombreuses et aussi profondes qu'aujourd'hui.... Il y eut peu de sang versé, pas de pillage, aucune de ces ruines épouvantables qui nous arrêtent à chaque pas dans nos rues incendiées.... La reprise des affaires fut presque immédiate, et un nouvel et rapide essor fut donné à toutes les branches de l'industrie et des arts... Néanmoins les locations subirent une dépréciation, des baux furent résiliés, et les propriétaires, les créanciers, s'empressèrent de donner une main conciliatrice au commerce.... Pourquoi donc, après des pertes nombreuses généralement supportées par les commerçants, les propriétaires, qui ont pendant vingt ans réalisé des bénéfices énormes, outrés, sur le commerce, ne se résigneraient-ils pas à une réduction juste, nécessaire, j'allais presque dire à une restitution consciencieuse?...

Pendant cette longue période, sans engager de nouveaux fonds, sans subir une seule perte, sans courir les risques d'une faillite, etc., il aura paisiblement triplé ses revenus, et quand a sonné l'heure des malheurs exceptionnels, des pertes irréparables, il ne présentera à celui qui a travaillé vingt ans pour sa prospérité d'autre compensation que la faillite !...

Poser la question que le propriétaire s'est enrichi longtemps aux dépens du commerçant, et que ce dernier, dans une période de dix mois, que dis-je, de deux ans, n'a subi que des pertes, c'est la résoudre... Tous les hommes intelligents et droits, même ceux qui ont voté une loi toute en faveur de la propriété et à la ruine complète du commerce, avoueront cette vérité. Il est donc équitable, je dis mieux, il est de l'intérêt même du propriétaire de faire une concession loyale, une réduction en rapport avec les pertes éprouvées par chaque locataire. Car, si on se renferme strictement dans la lettre de cette loi votée à Versailles, c'est la ruine inévitable du commerce, la faillite certaine, et par conséquent l'impossibilité de payer le propriétaire, l'État; c'est la faillite générale d'une nation. Au lendemain de la guerre prussienne, vous jugez la position du commerçant digne d'intérêt, vous comprenez qu'il lui est impossible de faire honneur à ses payements, vous lui dites d'espérer, d'attendre... Il attend les affaires, il attend une loi sage; et que vient-il? L'abandon de Paris par ceux qui devaient le défendre, l'escamotage de l'autorité la plus absolue par une tourbe ignoble qui promène pendant trois mois dans nos murs la terreur, la persécution, le pillage, la mort, l'incendie, les ruines... Quand, à la suite de ces événements monstrueux dont il a été la victime la plus déplorable, il attend de vous secours et protection, vous appliquez sur ses blessures nouvelles ce vieil emplâtre fabriqué laborieusement le 21 avril 1871... Croira-t-on que le Paris déserté, incendié, ruiné en 1871, a moins droit à la pitié que le Paris assiégé par les Prussiens en 1870?... Sommes-nous, en un mot, plus riches et mieux à même de payer quatre termes parce que nous venons d'éprouver des pertes plus considérables que les premières?...

Nous avons donc établi deux faits : le premier, que les locations ont augmenté du double depuis 1850; le second, que les affaires commerciales ont diminué dans une proportion plus grande, puisque depuis deux ans elles sont insignifiantes, et que depuis dix mois elles sont complétement nulles.

De ces deux faits nous tirons cette conclusion :

Qu'une transaction loyale, honnête, entre propriétaires et commerçants, est nécessaire, indispensable, pour sauver la situation, éviter la faillite et donner une nouvelle et énergique activité au commerce.

Les intéressés seuls, dans cette brûlante question des baux et du règlement des quatre termes échus, ont le droit et les connaissances nécessaires pour résoudre les difficultés d'ensemble et de détails qui se présenteront nombreuses dans tous les cas.... Un jury, si bien intentionné qu'il soit, ne réunira jamais les qualités nécessaires pour inspirer de la confiance dans ses décisions...

Nous proposons donc qu'il soit élu dans chaque arrondissement un nombre égal de propriétaires et de commerçants, qui connaîtront de toutes les difficultés qui surgiront entre les parties intéressées et prononceront en dernier ressort, d'après l'examen consciencieux des livres du commerçant...

Ce syndicat prendrait pour base générale de ses jugements :

1° Une réduction de 50 p. 100 pendant une période de deux ans ;

2° La répartition, sans intérêt, des quatre termes échus pendant cette même période ;

3° La facilité, dans le cas où le commerçant prouverait que son chiffre de ventes est au-dessous de ses frais, de pouvoir, pendant cette période, résilier son bail de six mois en six mois.

Nous n'insistons pas sur l'importance de ces concessions: elles sont équitables, elles sont nécessaires... Les accorder, c'est permettre au plus grand nombre des commerçants, dont les économies, le capital souvent, ont été emportés dans les derniers événements, de se donner activement à leurs affaires et de continuer leurs payements; les refuser, c'est les mettre dans l'impossibilité la plus absolue de payer leurs propriétaires, leurs billets, et par conséquent c'est les pousser à la faillite la plus désastreuse.

Que les commerçants se réunissent dans chaque arrondissement : l'union doit être non-seulement la force, mais encore le droit; qu'ils affirment hautement et vigoureusement leur programme de loyauté et d'honneur en face des prétentions et des exigences de cette loi, aussi ruineuse que celle des échéances. Leurs malheurs, leurs souffrances, leurs pertes, sont dignes de l'intérêt général... Mais de leur union, de leurs protestations énergiques, doivent nécessairement sortir des résolutions nouvelles, des dispositions plus sages et plus équitables... Vous userez, individuellement, une force, une énergie et un droit, qui, réunis, s'imposeront à l'opinion publique et la forceront à combattre pour vos intérêts...

Le tort du commerce est, quand les propriétaires se comptent dans les clubs pour soutenir leurs prétentions et les ouvriers dans les sociétés pour s'armer contre lui, de se tenir dans l'isolement, dans l'abstention la plus égoïste et la plus nuisible aux intérêts de tous et de chacun. Absorbé par ses affaires, le commerçant passe à côté des

questions les plus vitales de la politique sans s'en douter;
il les abandonne aux ambitieux et aux ouvriers... Aussi
est-il puni dans son indifférence. Quand arrive le jour des
infortunes, des grandes catastrophes, il regarde, il cherche,
et il ne trouve personne dans les assemblées pour défendre
ses droits;... il les a laissé envahir par le propriétaire,
l'ouvrier, et il est surpris qu'on condamne les questions
commerciales, qu'on abandonne ses intérêts, qu'on les
sacrifie!... Oui, la puissance, la prospérité et la richesse
d'une nation sont la prospérité et la richesse du commerce,
de l'agriculture et de l'industrie. Que les commerçants,
les agriculteurs, les industriels, choisissent leurs hommes;
qu'ils les prennent parmi eux, à l'exclusion des avocats,
des journalistes, des oisifs d'un pays qui n'ambitionnent
que pour eux-mêmes ce sacerdoce de la députation, et
leurs intérêts seront plus sagement et plus loyalement dé-
fendus... Dans l'union du commerce, dans des réunions
fréquentes et nombreuses, est la réorganisation sérieuse,
stable et forte du commerce; là est le salut de l'État, la
constitution solide d'une République modérée et honnête...
Donc à l'urne! et votons pour des hommes de notre classe,
de nos goûts, de nos connaissances, de notre loyauté
austère et intègre; votons pour des commerçants!... Ne
perdons pas nos voix sur des illustrations du barreau, de
la guerre, de l'Académie, de la noblesse, de la propriété,
groupons-les autour des nôtres, et alors nous aurons de
sérieux représentants de nos droits...

Maintenant, propriétaires, notre sort, commerçants,
celui de l'État, le vôtre même, est confié à votre intelligence, à votre loyauté. Si vous écoutez des intérêts trop
avides, si vous fermez l'oreille à des transactions, vous
préparez à vous des pertes certaines, à nous des faillites,
et à la nation une révolution, un inconnu plein de tem-
pêtes et de désastres.

Pour nous, austères héritiers des traditions de loyauté
et d'honneur du commerce français, sachons, sans faiblir,

accepter les rudes et équitables sacrifices que nous imposent les événements actuels; faisons la part du feu, la part de notre conscience, mais n'allons pas au delà. Nous n'avons pas le droit d'être les victimes bêtes d'une position que nous n'avons pas faite. Nous supporterons certainement la plus large part des sacrifices, mais nous ne les accepterons pas entiers. Comprenons bien qu'au-dessus de la révolution brutale qui élève des barricades et met le chassepot dans la main de l'ouvrier et la torche incendiaire dans celle de sa femme et de ses enfants, il y a la révolution pacifique, la révolution morale, qui, s'aidant de l'intelligence et du droit, s'affirme hautement quand on touche aux questions vitales d'une classe nombreuse et importante. Hommes probes, faisons cette révolution; revendiquons énergiquement dans des réunions sages et intelligentes nos vrais droits : ceux d'une meilleure et plus juste répartition dans les pertes actuelles...

Au chevet de tous, du propriétaire et du commerçant, il doit y avoir un spectre plus effrayant que le spectre rouge pour les empereurs et les rois, il doit y avoir le spectre noir de la faillite.

9213. — Paris, imp. Jouaust, rue Saint-Honoré, 338.